Gerd Engel
Materialien & Kopiervorlagen zu

Anne Steinwart

Hotte und das Unzelfunzel

Hase und Igel®

Inhalt

Hotte und das Unzelfunzel – Das Buch im Unterricht

1. Inhaltliche Aspekte des Buches 3
2. Sprachliche Aspekte des Buches 4
3. Didaktische und methodische Hinweise zum Umgang mit einer Ganzschrift 4
4. Umgang mit den Kopiervorlagen und Anregungen des Materials 6
5. Kunst, Gestaltung, szenisches Spiel 6
6. Musik 8
7. Weitere Kinderbücher von Anne Steinwart 8

Kopiervorlagen

Hottes müder Montag 9	Sil-ben zäh-len 30
Sieben Fehler (1) 10	Sil-ben-sa-lat 31
Mein müder Morgen 11	Flederfant und Elemaus 32
Freundliche Wecker 12	Was weißt du? – Was weiß ich! 33
Am liebsten ein Stuhlkissen 13	Schlechte Zeiten, gute Zeiten 34
Mama ist eine Antreiberin 14	Bilder ordnen 35
Der Schultag beginnt 15	Sätze suchen 37
Meine Füße kennen den Weg 16	Das Unzelfunzel-Abc 38
Am Ende richtig 17	Immer schön der Reihe nach 39
Sieben Fehler (2) 18	Unzelfunzel rustubu 40
Sieben Fehler (3) 19	Kein „tolles Spiel" von Hotte 41
Unzelfunzels Trick 20	Putzmüde – hundemunter 42
Ein Unzelfunzel aus Papier 21	Ein Besuch aus dem Buch 43
Wörter verunzeln 23	Eine Panne beim Verfunzeln 44
Unzel-, Anzel-, Enzelfenzel 24	Satz-Quatsch mit dem Unzelfunzel ... 46
Elf ernste Enzelfenzel 25	Neue Brüder für Bruder Jakob 47
Unzelfunzel denkt nach 26	Unzelfunzel-Würfelspiel 48
Ukus Urus Unzelfunzel (Lied) 27	Ich bin Anne Steinwart 52
Wortzauber 29	

© 2004 Hase und Igel Verlag, Garching b. München
www.hase-und-igel.de
Alle Rechte vorbehalten
Lektorat: Patrik Eis
Illustrationen: Silke Brix (aus der Lektüre) und Petra Müller
Druck: Köppl und Schönfelder oHG, Stadtbergen

ISBN 978-3-86760-324-9
3. Auflage 2008

Hotte und das Unzelfunzel – Das Buch im Unterricht

1. Inhaltliche Aspekte des Buches

Eine Aufgabe von Literatur ist es, eigene Erfahrungen in Texten gespiegelt zu bekommen, sie dadurch reflektieren zu können und auf diese Weise sich und andere besser zu verstehen. Die Schwierigkeiten, die Hotte in der Schule hat, werden in diesem Buch humorvoll aufgegriffen und einem versöhnlichen Ende zugeführt. Hottes Probleme werden wahrscheinlich auch Kindern in Ihrer Klasse bekannt vorkommen:

- Morgens kommt Hotte nicht gut aus dem Bett, ist müde und findet nur ungern den Weg zur Schule.
- Hotte ist offenbar nicht anerkannt und fühlt sich dumm. Der Buchstabe U sieht für ihn aus wie ein Ungeheuer. Er kann sich nicht wie seine Klassenkameraden am Unterricht beteiligen.
- Als die Lehrerin ihn weckt und das unfreiwillige Nickerchen mit Humor nehmen will, fühlt er sich bloßgestellt und bekommt einen roten Kopf.

Die Veränderung seiner Situation wird durch einen fantastischen Freund herbeigeführt, ein beliebtes Motiv in der Kinderliteratur. Hotte erscheint dieses Wesen offenbar im Traum. Die Gedankenblasen in der Illustration weisen darauf hin. Die Gestalt des Unzelfunzels könnte durch den kleinen Elefanten und die Fledermaus am Fenster über seinem Bett inspiriert sein (Illustration auf Seite 3). Von der Autorin und der Illustratorin ist diese Traumsequenz geschickt angelegt, weil der Unterricht für Hotte nur scheinbar ununterbrochen weiterläuft. Sein vermeintliches Aufwachen durch das Poltern des Unzelfunzels ist nicht unmittelbar als Bestandteil des Traumes erkennbar. Für den jungen Leser kommt daher auch die Möglichkeit in Betracht, dass es sich um eine „wirkliche" Begegnung handelt, die der Umgebung – also den Mitschülern und der Lehrerin – einfach nur nicht zugänglich ist.

Für Kinder in diesem Alter ist die Trennung von Traum, Fantasie und Realität noch nicht so bedeutsam wie für Erwachsene, zumal die Wirkung nicht nur im Fall von Hotte eine sehr reale ist. In Haustieren, Kuscheltieren oder Fantasiewesen finden sie oftmals tröstende und hilfreiche Partner, die sie stärken können. Aus Literatur und Medien sind sie den Umgang mit fantastischen Wesen gewohnt. Dass das Unzelfunzel eine Traumfigur ist, spielt für die meisten Kinder im Grunde keine Rolle. Die Frage, ob es das Unzelfunzel „wirklich" gibt, kann gerade deswegen zu einer anregenden Diskussion über Fiktion und unterschiedliche Wirklichkeitsebenen führen: *Gibt es Hotte wirklich? Könnte es ihn geben? Könnte es dann nicht auch das Unzelfunzel geben? Gibt es das Unzelfunzel denn in der Geschichte wirklich?*

Für Sie als Klassenlehrerin oder Klassenlehrer liefert das Buch darüber hinaus einen guten Anlass, über das Verhalten der Gruppe gegenüber Einzelnen zu sprechen, wenn diesen ein Missgeschick passiert, eine Arbeit misslingt, ein mündlicher Beitrag völliges Nichtverstehen offenbart oder sie sich aus irgendeinem anderen Grund (Kleidung, Haarschnitt …) ausgeschlossen fühlen. Das Verhalten von Frau Wurm, als sie den schlafenden Hotte entdeckt, ermutigt die Klasse zum Lachen. Das wäre in Ordnung, wenn Hotte zu der selbstbewussten Sorte Kind gehören würde, die dann mitlachen kann. Später rettet die Lehrerin die Situation zum Glück wieder und verschafft Hotte einen „großen Auftritt".

In fast allen Klassen gibt es die Tendenz zum Auslachen. Das ist vom Einzelnen oft gar nicht böse gemeint. Auf das Opfer aber wirkt das Auslachen verletzend und erniedrigend. Die Bereitschaft, selbst andere auszulachen, von der Opferrolle in die Täterrolle zu wechseln, ist groß.

Sprechen Sie mit den Kindern über die Gefühle des Opfers, in diesem Fall also über Hottes Gefühle (siehe auch KV „Schlechte Zeiten, gute Zeiten" auf Seite 34), und lassen Sie die Szene nachspielen. Fast jedes Kind kann dazu eigene Erfahrungen beisteuern. Vielleicht entwickeln Sie eine Klassenregel, die z. B. lauten könnte: „Lachen ist schön! – Auslachen ist unfair!"

Das Buch im Unterricht

2. Sprachliche Aspekte des Buches

Der Name *Ukus Urus Unzelfunzel* ist ein Sprachspiel und das Wesen, das diesen Namen trägt, beherrscht offenbar auch die Kunst der sprachlichen Verfremdung. Aus dem Igel macht es den Ugel und bringt Hotte damit auf die entscheidende Idee, die auch seine Lehrerin begeistert und ihm zu Anerkennung verhilft. Es liegt also nahe, ausgehend von dieser einfachen Verfremdungsidee, unterschiedlich anspruchsvolle Sprachspiele und Sprachrätsel in das Projekt aufzunehmen. Der didaktische Wert von Sprachspielen liegt in der Förderung sprachlicher Bewusstheit, der Schaffung von Einsichten in den Aufbau unserer Sprache – wichtig auch für die Rechtschreibkompetenz – und nicht zuletzt in der Steigerung der Lust auf den Umgang mit Sprache: Sprachspiele machen Spaß!

Vorwiegend wird mit den Selbstlauten gespielt: Beim „*Verunzeln*" wird der Anfangsvokal durch U/u ersetzt – aus *Eskimo* wird *Uskimo*. „*Schlimm verunzelt*" sind Wörter, bei denen alle Vokale durch U/u ersetzt wurden – aus *Eskimo* wird *Uskumu*. Entsprechend funktioniert „*schlimm verenzeln, veranzeln …*": *Eskeme, Askama* … Vokale innerhalb eines Wortes tauschen heißt „*verfunzeln*" – aus *Eskimo* wird *Oskemi* oder *Iskome* oder …

3. Didaktische und methodische Hinweise zum Umgang mit einer Ganzschrift

In der Schule werden bei der Lektüre einer Ganzschrift stets mehrere Ziele verfolgt:
- sachgerechten Umgang mit Büchern und Texten vermitteln
- Fähigkeit zur Sinnentnahme steigern (Lesetechnik)
- Lust auf Lesen/Bücher/Literatur machen („Ich habe ein ganzes Buch gelesen.")
- Literatur verstehen lernen
- sich selbst, andere und unsere Umwelt besser verstehen lernen.

Der dritte Punkt ist unzweifelhaft der wichtigste, denn ohne Spaß an Büchern wird ein Kind in seiner Freizeit nie freiwillig zu ihnen greifen. Unlust kann entstehen durch Überforderung bzw. Unterforderung, durch ein Übergehen kindlicher Erwartungen und Interessen sowie durch die übertriebene didaktische Ausreizung einer Lektüre. Die hier gemachten Unterrichtsvorschläge sollen die Leselust der Kinder durch Vielseitigkeit und ansprechende Gestaltung fördern und unterstützen. Im Hinblick auf die Fähigkeiten und Interessen sowie die Motivation Ihrer Lerngruppe können Sie selbst Schwerpunkte setzen.

Tipps zum Einstieg:
In der Praxis bewährt hat sich ein gemeinsamer Einstieg. Die Kinder sollten Gelegenheit haben, Vorerwartungen zu entwickeln. Hier zwei einfache antizipierende Verfahren, die sich bei dieser Lektüre gut umsetzen lassen:

- Die Kinder erfahren zunächst den Titel, z. B. über eine Tafelanschrift, und sollen im Plenum oder in der Kleingruppe ihre Vorstellungen dazu mündlich oder schriftlich äußern. Impulse: *Wer könnte das sein? Wie stellt ihr euch ein Unzelfunzel vor? Worum könnte es in dem Buch gehen?*

Hotte und das Unzelfunzel

- Die Kinder sehen ein Bild (Titelbild oder Bild von Seite 17 als Kopie) ohne textliche Zusätze und entwickeln dazu ihre Vorstellungen. Impulse: *Was seht ihr? Wo könnte die Geschichte spielen? Woran erinnert euch das Wesen? Worum könnte es gehen? Denke dir einen Namen für das Buch aus.*

Die Kinder sind nun bestimmt neugierig und gespannt auf das Buch. In der sich anschließenden stillen Lesezeit werden sich die Kinder allein oder gemeinsam auf die Lektüre stürzen. Einige werden das Buch zunächst durchblättern und die Handlung anhand der Bilder antizipieren – Vorgehensweisen, die völlig in Ordnung sind. Mein Vorschlag: Damit Sie das Lesepensum nicht reglementieren müssen, vereinbaren Sie doch einfach eine Zeit, nach der diese erste Begegnung mit dem Buch abgeschlossen werden soll, und erläutern Sie vorab, wie es danach weitergeht. Nach 15–20 Minuten wird die Ausdauer vieler Kinder wohl nachlassen. Danach können Sie mit den Kindern reflektieren, wie sie an das Buch herangegangen sind und wie ihr erster Eindruck war. Geübte Leser haben das Buch möglicherweise schon durchgelesen, andere sind vielleicht über die ersten zwei Seiten nicht hinausgekommen.

Sie können das Ende der Arbeitsphase auch öffnen: Kinder, die nach 20 Minuten nicht mehr weiterlesen möchten, gestalten bereits ein Zeilometer, das auch als Lesezeichen verwendet werden kann (siehe Vorlage auf Seite 4) oder malen eine Kopie aus dem Buch an – vielleicht ein Deckblatt für eine Werkstattmappe oder das Titelblatt eines Buches zum Buch.

Überlegen Sie zuvor, ob die Kinder das Buch mit nach Hause nehmen dürfen oder nicht. Es gibt gute Gründe, diesen Wunsch zu unterstützen, schließlich wollen Sie, dass die Kinder freiwillig in dem Buch lesen. Das Lesen soll Teil der Freizeitgestaltung werden. Oftmals finden Kinder auch zu Hause erst die nötige Ruhe und die passende Leseumgebung, um sich auf das Buch einzulassen. In diesem Fall sollte mit den Eltern abgesprochen werden, wie zu Hause damit umgegangen wird: Soll auch das Vorlesen durch Eltern oder ältere Geschwister erlaubt sein oder ist es Ihnen wichtiger, dass die Kinder die Lektüre ganz allein schaffen?

Aber auch das ausschließliche Lesen in der Schule hat seine Vorteile, vor allem, wenn es Ihnen gelingt, eine schöne Leseatmosphäre zu schaffen. Sie haben dann die Gewissheit, dass die Lektüren an jedem Unterrichtstag auch tatsächlich vorhanden sind und nicht zu Hause vergessen werden.

Ein Kompromiss besteht darin, es den Kindern erst nach zwei oder drei Tagen zu gestatten, das Buch mit nach Hause zu nehmen.

Leseatmosphäre:

Das Wichtigste, damit das Lesen gelingt, ist Ruhe. Absolute Ruhe wird sich jedoch nicht einstellen, weil viele Kinder beim individuellen Lesen noch murmeln. Auch ist es für sie spannend zu sehen, wie weit die anderen sind, und sich über Textstellen auszutauschen – wunderbar, aber bitte im Flüsterton! Reflektieren Sie mit den Kindern, was jeder braucht, damit ihm das Lesen Spaß macht. Vereinbaren Sie Regeln. Kinder, die andere beim Lesen stören, sind mit stummen Zeichen auf ihr Verhalten aufmerksam zu machen. Diese Abläufe in täglichen gemeinsamen Lesezeiten („silent reading") können auch schon zuvor eingeübt werden.

Wenn Ihnen in erster Linie eine positive Einstellung zu Büchern wichtig ist – vor allem in Klassen mit vielen Kindern aus leserfernem Milieu eine erst zu schaffende Basis –, dann lohnt sich der komplette oder teilweise Umbau der Klasse in eine „Leselandschaft". Ein Buch in der Hand zu halten muss mit positiven Gefühlen verknüpft werden. Kinder kuscheln sich beim Lesen gerne zusammen, bauen sich aus Tischen, Decken, Kartons und Kissen gemütliche Ecken und Höhlen, lesen dort vielleicht sogar mit einer Taschenlampe.

Organisation des Unterrichts bei unterschiedlichen Lesefähigkeiten:

Egal, ob Sie sich die Lektüre im ersten oder zweiten Schuljahr vornehmen – es wird Kinder geben, die noch überfordert oder schon unterfordert sind. Bei schwachen Lesern können Teile des Buches vorgelesen werden (von den Eltern, von Lesepaten aus der 3./4. Klasse, von starken Lesern aus Ihrer Klasse). Oder Sie erstellen eine vereinfachte Textfassung auf kleinen Zetteln und befestigen diese mit einem Streifen Klebefilm im Buch.

Zur Sicherung des Textverständnisses sowie zur Differenzierung für leistungsstarke Leser finden sich in dem vorliegenden Material zahlreiche Angebote. Des Weiteren können Sie hungrigen Leseratten zusätzliches Futter anbieten, z.B. auf einem Büchertisch mit Anne-Steinwart-Büchern. Eine Liste ihrer lieferbaren Bücher für Leseanfänger finden Sie auf Seite 8; auf Seite 52 stellt sich die Autorin den Kindern vor.

Das Buch im Unterricht

4. Umgang mit den Kopiervorlagen und Anregungen des Materials

Die Kopiervorlagen stellen bewusst ein Überangebot an Arbeitsvorschlägen dar. Sie sollen Sie bei Ihrer Arbeit entlasten und anregen – und nicht durch ihre Menge und den Schwierigkeitsgrad unter Druck setzen. Wählen Sie aus, was Ihnen für Ihren Unterrichtsstil und die Fähigkeiten und Neigungen Ihrer Lerngruppe geeignet erscheint. Machen Sie sich auch klar, was Ihnen bei dieser Unterrichtsreihe wichtig ist, welche Arbeiten in der Schule stattfinden sollen und was sich möglicherweise als Hausaufgabe eignet.

Die Kopiervorlagen sind so konzipiert, dass die Kinder weitgehend selbstständig damit arbeiten können. Für ältere und leistungsstärkere Lerngruppen können möglicherweise die Arbeitsblätter im Rahmen eines Arbeitsplans (mit Wahl- und Pflichtaufgaben) oder eines offenen Lernbuffets Verwendung finden. Trotzdem bedarf vieles, vor allem für jüngere Schüler, einer Einführung und der Reflexion.

Überlegen Sie, welche Kontrollaufgaben Sie vielleicht schon an die Kinder selbst delegieren können.

Zur besseren Orientierung für Sie und die Kinder sind die Kopiervorlagen mit einer **Symbolleiste** versehen, die auf einen Blick verdeutlicht, welche Schüleraktivitäten auf dem jeweiligen Blatt gefordert sind:

lesen: Hier wird zunächst die Sinnentnahme kürzerer Abschnitte überprüft. Die Arbeitsblätter eignen sich auch für Schüler, die das Buch schnell durchgelesen haben und jetzt ihre Detailkenntnis beweisen sollen. Sie werden ggf. dazu gebracht, noch einmal genau nachzulesen.

Auf den Kopiervorlagen der Seiten 35, 36, 37 und 39 ist dagegen das Textverständnis der Gesamtlektüre gefordert. Diese Arbeitsblätter können nur von den Schülern bearbeitet werden, die das Buch schon komplett durchgelesen haben. Unter Umständen ist nochmaliges genaues Nachlesen erforderlich. Ein echtes Textverständnis – und noch wichtiger: das Gespräch hierüber – kann natürlich auch durch produktionsorientierte Formen, wie z. B. szenisches Spiel, erreicht werden.

schreiben: Über vielseitige Schreibanlässe können die Kinder die Handlung des Buches nachvollziehen, vertiefen und variieren.

mit Sprache spielen/Sprachabeit: Das Sprachspiel als Kernidee des Buches wird unter diesem Symbol aufgegriffen und vertieft. Das Unzelfunzel ist dafür Experte und zeigt, wie man nebenbei auch etwas über Vokale, Konsonanten, zusammengesetzte Wörter und den silbischen Aufbau von Wörtern lernen kann. Möglicherweise können die erworbenen Fähigkeiten, mit verfremdeten Wörtern zu hantieren, auch im szenischen Spiel oder in einer Parallelgeschichte angewendet werden. Das Spielen mit Sprache funktioniert in dieser Altersstufe bevorzugt mündlich und Sie können mit Ihrer Improvisationsfreude Modell sein: Geplante Versprecher („Holt ihr bitte mal euer Buch *Hotte und das Önzelfönzel*, äh … *Anzelfanzel* raus …?") ermutigen die Kinder zu eigenen Wortschöpfungen. Tipp: Manchmal lässt man lieber eine Handpuppe die Versprecher machen. Schriftlich erfundene verunzelte und verfunzelte Wörter sollten immer wieder gesprochen werden – die Kinder finden sie mit jeder Wiederholung lustiger.

basteln **singen** **spielen**

5. Kunst, Gestaltung, szenisches Spiel

Die künstlerischen Aufgaben werden idealerweise mit sprachlichen Aufgaben verknüpft. Gebastelte oder gemalte Unzelfunzel werden für eine Ausstellung mit Texten versehen oder als Puppe in ein szenisches Spiel integriert. Dabei kann die künstlerische Arbeit durchaus auch Ausgangspunkt und Motivation für die sprachliche Arbeit sein.

Das Unzelfunzel aus dem Buch dient möglicherweise auch nur als Anregung für ein eigenes fantastisches Buchstabenwesen mit einem verspielten Namen (Haustelbaustel, Ötzelfötzel, Hustipusti, Flottilotti, Schlimmdiwimm …). Als Materialien für Skulpturen eignen sich besonders Knetmasse, Ton oder Pappmaschee. In der Martinszeit könnte eine Kleisterlaterne mit der Gestalt des Unzelfunzels entstehen. Dabei lassen sich Arme und Beine als „Hexentreppen" direkt an den Kopf kleben. Der Rüssel kann aus einer gedrehten und verkleisterten Zeitung bestehen, die am Ansatz auseinander gezupft wird und sich mit viel Kleister am Kopf befestigen lässt.

Bei **bildnerischen Arbeiten** bieten sich an:
- das Mischen von Grautönen oder Violetttönen
- das Auskleben einer Vorlage mit Grautönen (Blautönen, Rottönen usw.) aus Illustrierten in Gruppenarbeit
- das Auskleben von Textcollagen, beispielsweise mit ausgeschnittenen U-Wörtern oder Unzelfunzel-U-Wörtern in Gruppenarbeit. Anschließend kann mit dünner Wasserfarbe gefärbt werden.

Hotte und das Unzelfunzel

Das **szenische Spiel** entwickelt sich am leichtesten durch kleine Aufträge, die die Kinder zu zweit oder in Kleingruppen ohne Beobachter durchführen können. Dabei braucht eine größere Vorführung überhaupt nicht angestrebt zu werden; eine freiwillige Präsentation in der Klassengemeinschaft ist völlig ausreichend. Der Nutzen liegt in der Förderung des mündlichen und körperlichen Ausdrucks und in der intensiven Auseinandersetzung mit der Lektüre.
Aufträge:
- Spielt, was am Morgen bei Hotte los ist.
- Spielt die Begegnung zwischen Hotte und dem Unzelfunzel nach.

Für eine Präsentation kann diese zweite Spielszene gut in die Unterrichtssituation mit Frau Wurm und der lachenden Klasse eingebettet werden – alle Zuschauer sind beteiligt. Kommt zum Applaus auch noch eine Reflexion, können inhaltliche Aspekte der Geschichte vertieft werden: die Müdigkeit und Verlegenheit Hottes, die Munterkeit seiner Mutter, der Elan von Frau Wurm, die näselnde Forschheit des Unzelfunzels.

Die Kinder werden im szenischen Spiel möglicherweise die Handlung über den im Buch vorgegebenen Inhalt hinaus fortsetzen wollen. Dies kann ein guter Schreibimpuls sein. Umgekehrt können selbst erfundene Sprachspielereien in die Inszenierung eingebaut werden.

Um die darstellerischen Fähigkeiten zu fördern, ist es manchmal angebracht, den gestisch-mimischen Ausdruck und den sprachlichen Ausdruck getrennt zu üben.

Gestisch-mimischer Ausdruck: Die Kinder bewegen sich in der Klasse oder Turnhalle gemeinsam zu Ihren Anweisungen. So werden Hemmungen abgebaut und die Kinder können Ausdrucksweisen voneinander abschauen.

Du bist Hotte. Du schläfst und stehst ganz langsam und müde auf. Du trottest gähnend ins Badezimmer. Deine Augen wollen gar nicht so richtig aufbleiben. Du drehst den Wasserhahn auf, aber das Wasser ist sehr kalt. Du wäschst dich nur sehr vorsichtig. Am Frühstückstisch schläfst du fast wieder ein. Du schmierst dir ganz langsam ein Brot und musst immer wieder gähnen. Eigentlich hast du auch noch nicht so richtig Appetit.

Du bist Hottes Mutter. Du hast sehr viel Energie. Am Morgen vor dem Frühstück versuchst du schon tausend Dinge zu erledigen. Du weckst deinen Sohn Hotte. Du packst schnell deine Tasche, deckst eilig den Frühstückstisch, weckst Hotte noch einmal, legst ihm seine Kleider zurecht, schmierst ihm ein Pausenbrot, schminkst dich schnell noch im Badezimmer, putzt dir die Zähne und räumst mit einer Hand noch die Waschmaschine aus …

Sprachlicher Ausdruck: Im Rollenspiel neigen die Kinder oftmals dazu, an der Textvorlage zu kleben. Diese gibt jedoch gerade in der Frühstücksszene wenig konkrete Impulse. Verbesserungen lassen sich auf zwei Arten erreichen:
- Die Kinder sammeln aufgrund ihrer häuslichen Erfahrung „Sprechblasen" (siehe KV „Mama ist eine Antreiberin" auf Seite 14). Mit welchen Worten könnte die Mutter – die „Antreiberin" – Hotte antreiben? An was soll er alles denken? Welche Vorwürfe könnte sie ihm machen? Wie könnte er antworten?
- Die Kinder improvisieren eine Szene, z. B. das Wecken, mit Handpuppen. Dann sprechen sie wesentlich freier.

Das **gestaltete Vorlesen** motiviert nicht nur zum wiederholten Üben, sondern bewirkt auch eine inhaltliche Auseinandersetzung. Dies ist besonders für leistungsstarke Schüler, die das Buch schnell „durchhaben", ein attraktives Arbeitsangebot. Wie betone ich bestimmte Stellen am besten? Mit welcher Stimme lasse ich die verschiedenen Personen sprechen? Vor allem das Näseln des Unzelfunzels wird den Kindern viel Spaß machen. Da die Kinder im zweiten Schuljahr beim gestalteten Lesen erst am Anfang stehen, müssen die zu übenden Textpassagen entsprechend kurz sein. Die Kinder bekommen am besten eine ausgewählte Textpassage in Kopie.

Möglicher Auftrag: *Markiere, was das Unzelfunzel sagt, mit Rot. Markiere das, was Hotte sagt, mit Blau.*

Darauf aufbauend kann die Textstelle mit verteilten Rollen gelesen werden. Zusätzlich interessant wird es, wenn die Kinder die Möglichkeit haben, ihren Vortrag mit einem Kassettenrekorder aufzunehmen.

Das Ziel dieser Arbeit kann auch ein „Bilderbuchkino" sein. Sie oder jemand aus der Elternschaft fotografiert dazu die Buchillustrationen auf einen Diafilm ab (Zoomobjektiv bzw. Makroobjektiv erforderlich). Das Buch kann dann, unterstützt vom Diavortrag, einer anderen Klasse vorgelesen werden. Bei mehreren Vorführungen und arbeitsteiligem Vorgehen können alle Kinder beteiligt werden. Kinder, die nicht laut lesen wollen, bekommen die Aufgabe, den Diaprojektor an den richtigen Stellen umzuschalten.

Das Buch im Unterricht

6. Musik

Zu jedem größeren Unterrichtsprojekt gehört mindestens ein passendes Lied. Lieder eignen sich gut, um Unterrichtsphasen einzuleiten oder in einer positiven Stimmung abzuschließen.
- Das Lied *Ukus Urus Unzelfunzel* (siehe KV auf Seite 27/28) wurde eigens für ein Unterrichtsprojekt zum „Unzelfunzel"-Buch komponiert.
- *Neue Brüder für Bruder Jakob* (siehe KV auf Seite 47); die Lehrerin singt vor und die Kinder singen die Wiederholung mit.
- *Unzelfunzel rustubu* (siehe KV auf Seite 40); dieses sprachspielerische Gedicht lässt sich auf die Melodie des bekannten „Schlumpfliedes" singen und mit den Akkorden G, C und D7 begleiten. Besonderen Spaß macht es, eigene Strophen aus dem Stegreif zu erfinden.
- Das *Unzelfunzel-Abc* (siehe KV auf Seite 38) lässt sich ebenfalls als „Schlumpflied" singen.
- Das Lied *Drei Chinesen mit dem Kontrabass* passt gut zu den Sprachspielen mit Vokalen.
- Das Unzelfunzel „verunstaltet" bekannte Lieder: „Ulle Kunder lurnen lusen …"

Vorschlag für weitere musikalisch-klangliche Arbeit mit dem Buch: Eine Gruppe denkt sich Geräusche und klangliche Improvisationen auf Orff-Instrumenten aus, die zu den einzelnen Phasen der Handlung passen. Als Handlungsphasen bieten sich z. B. an: Hotte wird geweckt und schläft immer wieder ein, seine Mutter hat Energie und treibt ihn an, er trottet verschlafen zur Schule, in der Schule schläft er ein („Die Stimmen werden immer leiser."), das Unzelfunzel poltert heran, Hotte wird massiert, er bekommt Ideen, er wird geweckt und ausgelacht, Hotte ist wütend und traurig, Hotte überrascht die Lehrerin und wird am Ende von allen bewundert.

Mit diesen Elementen lässt sich auch ein pantomimisches Spiel, eine Fantasiereise, ein Lesevortrag oder eine Theatervorführung dramaturgisch gestalten.

7. Weitere Kinderbücher von Anne Steinwart

Anna und die ABC-Hexe, Arena Verlag 2001
Die beste Lehrerin der Welt, Loewe Verlag 2005
Die schönsten Freundschaftsgeschichten (Hrsg.), Hase und Igel Verlag 2002
Die schönsten Schulgeschichten (Hrsg.), Hase und Igel Verlag 2002
Die schönsten Tiergeschichten (Hrsg.), Hase und Igel Verlag 2003
Hannes lässt die Fetzen fliegen, Hase und Igel Verlag 2005
Hotte und die Mädchen, Hase und Igel Verlag 2007
Jakob in der Räuberhöhle, Arena Verlag 1998
Karlotta lässt sich nichts gefallen, Hase und Igel Verlag 2002
Leselöwen Hexengeschichten, Loewe Verlag 1998
Opa hat sich verliebt, Auer 2006
Von wegen, sagt Mia, Auer 2007

Name:

lesen schreiben mit Sprache spielen basteln singen spielen

Hottes müder Montag

 Kreuze die richtigen Antworten an.

Wer hat Hotte schon dreimal geweckt?

- ❏ sein Vater
- ❏ seine Mutter
- ❏ der Wecker

Was würde Hotte gerne tun?

- ❏ ausschlafen
- ❏ spielen
- ❏ Zähne putzen

Was wäre Hotte gerne?

- ❏ ein Frühstückstisch
- ❏ ein Nagel
- ❏ ein Stuhlkissen

Wie wird Hotte von seiner Mutter bezeichnet?

- ❏ als Antreiber
- ❏ als Trantüte
- ❏ als Morgenmuffel

 Überprüfe deine Antworten mit dem Buch (Seiten 3 bis 7).

Name:

lesen schreiben mit Sprache spielen basteln singen spielen

Sieben Fehler (1)

 Lies den Text und unterstreiche die sieben Fehler.
Vergleiche dann mit deinem Buch (Seite 4).

Er schlurft ins Badezimmer
und muffelt vor sich hin.
Um zehn Uhr muss er
in der Disco sein.
Jeden Abend!
Nur am Wochenende nicht!

Fünfmal im Jahr
kann Hotte nicht ausschlafen.
Das ist immer wieder toll.
Heute ist es besonders toll.
Heute ist Samstag!

 Unterstreiche auch hier die sieben Fehler.

Er schlurft ins Wartezimmer
und muffelt vor sich hin.
Um acht Uhr muss sie
in der Schale sein.
Jeden Morgen!
Nur am Wochenente nicht!

Fünfmal in der Woche
kann Hotte nicht austrinken.
Das ist immer wieder schrecklich.
Heute ist es besser schlimm.
Heute ist Monat.

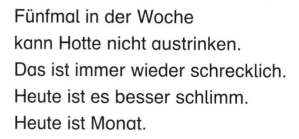

Name:

lesen schreiben mit Sprache spielen basteln singen spielen

Mein müder Morgen

 Wie ist es bei dir an einem müden Morgen? Wie wirst du geweckt? Was fällt dir schwer? Mit wem frühstückst du? Schreibe auf.

Name: _____

lesen   schreiben   mit Sprache spielen   basteln   singen   **spielen**

Freundliche Wecker

Bei diesem Spiel kannst du
zur Ruhe kommen.
In der Klasse soll es dabei
ganz leise sein.

 So geht es:

- Drei Kinder werden ausgesucht
  und stellen sich an der Tafel auf.
  Sie sind die freundlichen Wecker.

- Die anderen Kinder legen den Kopf auf den Tisch
  und machen die Augen zu.

- Jeder freundliche Wecker schleicht zu einem Kind
  und berührt es ohne Worte.

- Der Wecker kann es antippen, es sanft am Rücken kraulen,
  die Hand auf seinen Kopf legen …

- Dann schleichen die Wecker wieder zur Tafel.

- Auf ein Zeichen hin werden alle wach und öffnen die Augen.

- Die drei Kinder, die berührt worden sind, versuchen zu raten,
  welcher Wecker sie berührt hat.

- Wer richtig geraten hat, darf seinen Wecker ablösen.

- Das Spiel beginnt nun wieder von vorn.

Name: _____

lesen schreiben mit Sprache spielen basteln singen spielen

Am liebsten ein Stuhlkissen …

 Welche Gedanken gehen Hotte durch den Kopf?
Was denkt wohl seine Mutter? Schreibe auf.

Name:

lesen schreiben mit Sprache spielen basteln singen spielen

Mama ist eine Antreiberin

Schreibe auf, wobei Hottes Mutter ihren Sohn wohl morgens antreibt.

aufstehen,

Mit welchen Worten könnte sie ihn antreiben?

Nun steh doch auf, du Schlafmütze!

Name: _____

lesen   schreiben   mit Sprache spielen   basteln   singen   spielen

Der Schultag beginnt

 Kreuze die richtigen Sätze an.
Manchmal sind auch zwei Sätze richtig.

Der Schulweg von Hotte (Seite 8):

❏ Hotte hat einen langen Schulweg.
❏ Hotte hat einen kurzen Schulweg.
❏ Hottes Schulweg ist einfach zu gehen.

In der Klasse (Seite 9):

❏ Hotte wird von allen laut begrüßt.
❏ Hotte begrüßt die anderen Kinder freundlich.
❏ Keiner merkt so richtig, dass er kommt.

Im Unterricht (Seite 10):

❏ Seine Lehrerin heißt Frau Regenwurm.
❏ Seine Mutter ist auch da.
❏ Frau Wurm ist putzmunter.

Im Unterricht (Seiten 11/12):

❏ Hotte meldet sich oft.
❏ Hotte fällt zu dem Buchstaben U nichts ein.
❏ Ihm gefällt das U nicht.

Name:

 lesen schreiben mit Sprache spielen basteln singen   spielen

Meine Füße kennen den Weg

Hottes Füße kennen den Weg zur Schule auswendig.
Mit diesem Spiel kannst du das auch üben.

 So geht es:

- In der Klasse oder auf dem Flur wird ein Weg mit Klebeband markiert.
  (Auf dem Schulhof kann man ihn mit Kreide malen.)

- Du bringst deinen Füßen diesen Weg bei.

- Dann lässt du dir die Augen verbinden und gehst den Weg auswendig.

- Vielleicht brauchst du am Anfang noch einen Partner.
  Er kann dich führen oder Kommandos geben.

- Wer schafft es, ohne die Linien zu berühren?

- Für Profis kann man es noch schwieriger machen:
  - Hindernisse einbauen (zum Beispiel mit Kissen)
  - rückwärts gehen
  - zwischendurch drehen, hüpfen usw.

Name: _____

lesen schreiben mit Sprache spielen basteln singen spielen

Am Ende richtig

 Kreuze das richtige Satzende an.

Hotte gähnt und reibt sich …
- ❏ die Hände.
- ❏ die Augen.
- ❏ den Ellbogen.

Die Stimmen werden immer …
- ❏ leiser.
- ❏ lauter.
- ❏ lustiger.

Als neben ihm etwas rumpelt und poltert, hebt er widerwillig …
- ❏ den Kopf.
- ❏ den Arm.
- ❏ den Daumen.

Was er sieht, ist …
- ❏ unglaublich.
- ❏ unwichtig.
- ❏ unnötig.

Hotte wird in einer Sekunde …
- ❏ todmüde.
- ❏ hellwach.
- ❏ rot.

Jemand sitzt auf …
- ❏ der Tafel.
- ❏ dem Nachbartisch.
- ❏ seinem Arm.

„Wer bist du?", fragt Hotte …
- ❏ gelangweilt.
- ❏ gespannt.
- ❏ verschlafen.

 Überprüfe deine Antworten mit dem Buch (Seiten 12 bis 16).

Name:

 lesen schreiben mit Sprache spielen basteln singen spielen

Sieben Fehler (2)

 Lies den Text und unterstreiche die sieben Fehler. Vergleiche dann mit deinem Buch (Seiten 18/19).

„Unzelfunzel genügt",
sagt das seltsame Wesen
und schleckt Hotte
mit seiner Schüsselnase
im Nacken.
Genau neben der richtigen Stelle!

„Du bist fett", sagt Hotte.

„Du auch", sagt Unzelfunzel.
„Nur morgens
bist du schrecklich.
Besonders mittwochs.
Du bist ein nettes, kleines
Mittwochsungeheuer."

Hotte zieht eine Grimasse
und sagt: „Bäääh!"

„Ein Wort mit U!",
sagt Unzelfunzel energisch
und klopft mit einem Fuß
auf den Fisch.

18 Materialien & Kopiervorlagen zu: Anne Steinwart, Hotte und das Unzelfunzel © Hase und Igel Verlag, Garching b. München

Name:

lesen schreiben mit Sprache spielen basteln singen spielen

Sieben Fehler (3)

 Lies den Text und unterstreiche die sieben Fehler.
Vergleiche dann mit deinem Buch (Seiten 20/21).

„Ungeheuer", kichert Hotte.
„Ukus Urus Lagerfeuer!"

„Weiter",
sagt Unzelfunzel lustig.
„Du weißt noch mehr."

Hotte beginnt zu kichern
und schüttelt den Kopf.

Nein, mehr weiß er nachts.
Morgens fällt ihm
doch nie etwas ein.

„Ugel", sagt Onzelfonzel
und zwinkert Hotte
verschwitzt zu.
U-g-e-l? Was soll das?
Hotte kennt dieses Wort.
Aber wohin?
Er denkt nach …

Name: _____

lesen   schreiben   mit Sprache spielen   basteln   singen   spielen

Unzelfunzels Trick

Hotte hat den Trick des Unzelfunzels verstanden. Du auch?

 Zeichne Verbindungen und schreibe die Tiernamen richtig auf.

Uchse — Echse

Unte

Utter

Usel

Udler

Ulefant

 Schreibe nun auf, wie diese Tiere richtig heißen.

der Uffe   die Ulster

der Ultis   die Umsel

die Umeise   der Ulch

die Ussel

Tipp: Ersetze das U durch ein A, E oder I.

Name: _____

lesen   schreiben   mit Sprache spielen   **basteln**   singen   spielen

Ein Unzelfunzel aus Papier (1)

Du brauchst: den Ausschneidebogen (S. 22)
zwei Butterbrottüten
40 cm Kordel
Schere, Klebestift und Filzstifte

So geht es:

1. Schneide eine Ecke der ersten Tüte ab.

2. Male seitlich Augen auf.

3. Schneide aus der zweiten Tüte ein rechteckiges Stück heraus.
   Rolle und klebe es zu einem Rüssel zusammen.

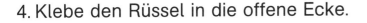

4. Klebe den Rüssel in die offene Ecke.

5. Schneide die Ohren aus und klebe sie an.

6. Schneide vier kleine Löcher in die Tüte.

7. Ziehe 2 × 20 cm Kordel als Arme und Beine
   durch die Löcher.

8. Schneide Hände und Füße aus
   und klebe sie doppelt gegeneinander
   an das Ende der Kordel.

Deinen Mittelfinger kannst du von innen in den Rüssel stecken.
Unter dem Rüssel formst du das Papier ein wenig zu einem Maul.
Vielleicht malst du deinem Unzelfunzel noch eine rote Zunge.

Ein Unzelfunzel aus Papier (2)

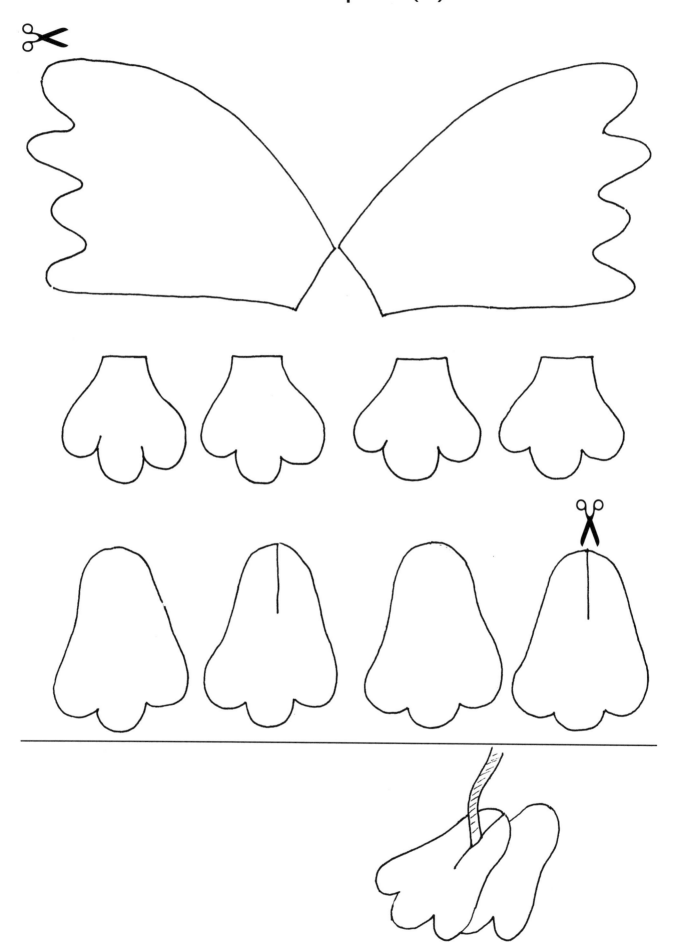

Name: _____

lesen schreiben **mit Sprache spielen** basteln singen spielen

Wörter verunzeln

 Suche in deinem Kopf oder in Büchern nach Wörtern, die ein A/a, E/e, I/i oder O/o am Anfang haben. Schreibe sie auf.

Amerika, Eskimo, irgendwo,

 Tausche die Anfangsbuchstaben der Wörter gegen ein U/u.

Umerika, Uskimo, urgendwo,

 Noch schlimmer verunzeln geht so:

Umuruku, Uskumu, urgundwu,

Du kannst die Wörter natürlich auch veranzeln, verenzeln, verinzeln oder veronzeln.
Wa das gaht, masst da salbst harasfandan.
Dos ost bostommt on tollor Rotsolspoß!

Name:

lesen   schreiben   **mit Sprache spielen**   basteln   singen   spielen

Unzel-, Anzel-, Enzelfenzel

Ein Unzelfunzel, das sagt: „Du,
uch schrubu ullus nur mut **U**."

Das Anzelfanzel, das sagt da:
„Ach schraba allas blaß mat **A**."

Da ruft das Enzelfenzel: „Nee,
ech beverzege des **E**."

Das Inzelfinzel tut ganz wichtig:
„In Sitz ist nir mit **I** ginz richtig."

Das Einzelfeinzel ist ganz heiser.
Es flüstert: „**Ei**, sei seid meil leiser!"

Das Aunzelfaunzel spielt Mau-Mau.
„Auch laub tautaul daus schaunau **Au**."

Das Eunzelfeunzel bleibt sich treu:
„Eun meuneum Leubeun geubt's neur **Eu**."

Das Ünzelfünzel übt schon früh:
„Üch süng üch Lüdür übür's **Ü**!"

Was krächzt da Tätärätätä?
Däs Änzelfänzel mät däm **Ä**!

Das Önzelfönzel schwört aufs **Ö**:
„Öch möch jötzt Schlöss, möcht's göt önd ...
tschöö!"

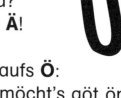

24   Materialien & Kopiervorlagen zu: Anne Steinwart, Hotte und das Unzelfunzel © Hase und Igel Verlag, Garching b. München

Name:

 mit Sprache spielen

lesen   schreiben   mit Sprache spielen   basteln   singen   spielen

Elf ernste Enzelfenzel …

 Was ist mit diesen Sätzen los? Schau sie dir genau an.

Zwei kleine Einzelfeinzel schweigen meistens beim Reiten.
Fünf müde Ünzelfünzel müssen über fünfundfünfzig Hügel hüpfen.
Sieben dicke Inzelfinzel trinken Milch mit vier gierigen Stieren.

 Schreibe nun die drei folgenden Sätze zu Ende.
Die Wörter in den Sprechblasen können dir helfen.

Acht schmale Anzelfanzel _____

_____

(saßen gaben fahren Saft Straßenbahn fand
  Sarah am Bahndamm bald Ralf)

Elf ernste Enzelfenzel _____

_____

(geben Peters Schwester sehr fehlen erst
  gestern mehr Brezeln sechs)

Zwölf schöne Önzelfönzel _____

_____

(Frösche mögen Köln Vögel können böse
  köstlich Brötchen Löwen)

Name:

lesen schreiben mit Sprache spielen basteln singen spielen

Unzelfunzel denkt nach

Unzelfunzel hat sich Hotte ausgesucht.
Warum will es ihm helfen? Was gefällt ihm an Hotte?

Schreibe die Gedanken des Unzelfunzels auf.

Name: _____

 lesen schreiben   mit Sprache spielen   basteln   **singen**   spielen

Ukus Urus Unzelfunzel (1)

Text: Gerd Engel
Musik: Peter Peters

Strophe
Wenn's in der Schu-le schwie-rig ist, kommt er viel-leicht zu mir.
Ich mach mal die Au-gen zu und zäh-le still bis vier:

Refrain
Eins, zwei, eins, zwei, drei, vier, U-kus U-rus Un-zel-fun-zel,
so hast du dich ge-nannt, bist e-le-fan-tig, un-ze-lig,
fle-der-mäu-sig, fun-ze-lig, aus-ge-spro-chen run-ze-lig,
ehr-lich un-ge-fähr___ lich, gräu-lich, bläu-lich, freund-lich. Heim-lich
sitzt du auf dem Tisch. Du___ bist ganz spe-zi-ell für mich.

lesen schreiben mit Sprache spielen basteln **singen** spielen

Ukus Urus Unzelfunzel (2)

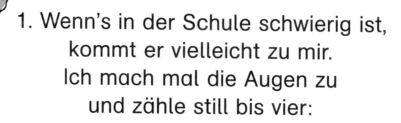

1. Wenn's in der Schule schwierig ist,
kommt er vielleicht zu mir.
Ich mach mal die Augen zu
und zähle still bis vier:

*Eins, zwei, eins, zwei, drei, vier,
Ukus Urus Unzelfunzel,
so hast du dich genannt,
bist elefantig, unzelig,
fledermäusig, funzelig,
ausgesprochen runzelig,
ehrlich ungefährlich,
gräulich, bläulich, freundlich.
Heimlich sitzt du auf dem Tisch.
Du bist ganz speziell für mich.*

2. Wenn die Schule müde macht,
schnell Daumen in den Mund.
Müde lernen, das geht nicht,
das ist sehr ungesund.
Eins, zwei, eins, zwei, drei, vier ...

3. Fällt mir einmal gar nichts ein,
brauch ich eine Idee.
Lalelu – die Augen zu,
dann kommt statt einer Fee:
Eins, zwei, eins, zwei, drei, vier ...

Name: _____

lesen   schreiben   **mit Sprache spielen**   basteln   singen   spielen

Wortzauber

 Setze nacheinander a, e, i, o und u ein. Unterstreiche die Wörter, die es wirklich gibt. Schreibe sie unten auf.

W<u>a</u>nd   w__nd   W__nd   w__nd   w__nd

P__ppe   p__ppe   p__ppe   P__ppe   P__ppe

J__cken   J__cken   j__cken   j__cken   j__cken

    H__se   h__se   H__se   H__se   h__se

    H__mmel   h__mmel   H__mmel   h__mmel   H__mmel

S__nne   s__nne   S__nne   S__nne   s__nne

F__nster   F__nster   f__nster   f__nster   f__nster

    D__ch   D__ch   d__ch   d__ch   d__ch

Wand,

Name: _____

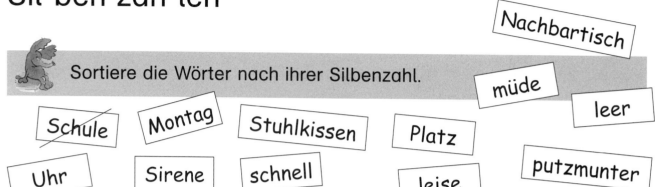

Sil-ben zäh-len

Sortiere die Wörter nach ihrer Silbenzahl.

~~Schule~~   Montag   Stuhlkissen   Platz   Nachbartisch   müde   leer
Uhr   Sirene   schnell   leise   putzmunter

Wörter mit einer Silbe	Wörter mit zwei Silben	Wörter mit drei Silben
	Schu-le	

Sortiere die Tu(n)wörter nach ihrer Silbenzahl.

schlurft   sitzen   ausschlafen   hebt   aufstehen   bewegen
~~sagt~~   kennen   sausen   sehen   gähnt   verschwimmen

Wörter mit einer Silbe	Wörter mit zwei Silben	Wörter mit drei Silben
sagt		

Name:

 lesen   schreiben **Spracharbeit**   basteln   singen   spielen

Sil-ben-sa-lat

 Bilde Wörter, die in dem Buch vorkommen.

Wörter mit zwei Silben:

Hän	tag
Mon	fel
Ta	de
Kin	gel
I	der

Hände

Wörter mit drei Silben:

Tran	re	ben
Stuhl	sta	te
Buch	tü	sen
Si	bar	ne
Nach	kis	tisch

Wörter mit vier Silben:

Un	de	zim	de
hun	zel	fun	mer
Ba	de	mü	zel

Name: _____

lesen   schreiben   **mit Sprache spielen**   basteln   singen   spielen

Flederfant und Elemaus

Ich bin ein Flederfant ... ... oder eine Elemaus.

 Zeichne Silbenbögen unter die Wörter. Schreibe sie richtig auf.

der Flederfant   der Elefant

die Elemaus   die Fledermaus

das Adhorn   das _____

der Nasler   _____

die Tise   _____

der Meiger   _____

die Afbra   _____

der Kofe   _____

das Büfbra   _____

der Zefel   _____

der Hawe   _____

der Löse   _____

Name:

Was weißt du? – Was weiß ich!

 Hast du die Seiten 24 bis 30 genau gelesen?
Dann kannst du bestimmt diese Fragen beantworten.

1. Warum lacht die Klasse über Hotte?

2. Wie versucht Hotte zu erklären, dass er geschnarcht hat?

3. Welche U-Wörter kann Hotte seiner Lehrerin nennen?

4. Wie findet Frau Wurm Hottes U-Wörter?

Name:

lesen schreiben **Spracharbeit** basteln singen spielen

Schlechte Zeiten, gute Zeiten

Welche Wörter passen zu welchem Bild?

 Schreibe die Wörter nach oben oder nach unten.
Gibt es auch Wörter, die zu keinem der Bilder gut passen?

peinlich

peinlich, bewundern, glücklich, mies, stolz, auslachen, traurig, gemein, freuen, lesen, begeistert, schämen, wütend, schlecht, ärgern, froh, gut, kurz, strahlen, staunen

bewundern

Name:

 lesen schreiben mit Sprache spielen basteln singen spielen

Bilder ordnen (1)

 Ordne die Bilder: Schreibe Zahlen von 2 bis 6 in die Kästchen.

1

 Welcher Satz passt zu welchem Bild?
Trage auch hier die passenden Zahlen von 2 bis 6 ein.

☐ Das Unzelfunzel ist da.

☐ „Sei nicht so eine Trantüte!"

☐ Frau Wurm freut sich über Hottes Idee.

1 Hotte muss aus dem Bett.

☐ Hotte trompetet: „Usel – Unte – …"

☐ Alle kennen U-Wörter, nur Hotte nicht.

Name:

 lesen schreiben mit Sprache spielen basteln singen spielen

Bilder ordnen (2)

 Ordne die Bilder: Schreibe Zahlen von 1 bis 6 in die Kästchen.

 Welcher Satz passt zu welchem Bild?
Trage die passenden Zahlen von 1 bis 6 ein.

- [ ] Frau Wurm weckt Hotte.
- [ ] Der Schulhof ist schon leer.
- [ ] Hotte schlurft ins Badezimmer.
- [ ] „Wer bist du?", fragt Hotte.
- [ ] „Urdbeben", sagt Hotte.
- [ ] Hotte schläft ein.

Name:

 lesen schreiben   **Spracharbeit**   basteln   singen spielen

Sätze suchen

Kennst du dich im Unzelfunzel-Buch gut aus?
Hier sind Sätze aus dem Buch, allerdings leicht verändert.

 Suche die Buchseite, auf der die Sätze richtig stehen.
Schreibe sie dann aus dem Buch ab.

Seite 31 : Er wird keinem verraten, was diese Wörter bedeuten!

Was diese Wörter bedeuten, wird er keinem verraten!

Seite ☐ : Auf dem Nachbartisch sitzt jemand.

Seite ☐ : Ein Stuhlkissen wäre er lieber.

Seite ☐ : Immer leiser werden die Stimmen.

Seite ☐ : Für einen Moment ist auch Frau Wurm sprachlos.

Seite ☐ : Dieses Wort kennt Hotte.

Name: _____

lesen schreiben **mit Sprache spielen** basteln singen spielen

Das Unzelfunzel-Abc

 Schneide die Abschnitte unten aus.
Ordne sie richtig zu und klebe sie dann auf.

A, B, C, D, E und F,

G, H, I, J, K und L,

M, N, O, P, Q und R,

S, T, U, V, W und X,

Y und Z ans Ende,

Y und Z ans Ende,

✂

meinen Kumpel mit dem Fell.	rat mal, wen ich heute treff:
wer das kann, klatscht in die Hände.	Unzelfunzel zeigt mir Tricks.
diesen Kumpel mag ich sehr.	ja, hier wackeln gleich die Wände.

38 Materialien & Kopiervorlagen zu: Anne Steinwart, Hotte und das Unzelfunzel © Hase und Igel Verlag, Garching b. München

Name: _____

Immer schön der Reihe nach

 Ordne die acht Wörter, die an der Tafel stehen:
In welcher Reihenfolge tauchen sie in der Geschichte auf?

1. Badezimmer
2. _____
3. _____
4. _____
5. _____
6. _____
7. _____
8. _____

Gar nicht so einfach …

Materialien & Kopiervorlagen zu: Anne Steinwart, Hotte und das Unzelfunzel © Hase und Igel Verlag, Garching b. München

Name:

lesen   schreiben   **mit Sprache spielen**   basteln   singen   spielen

Unzelfunzel rustubu …

Unzelfunzel rustubu –
alle Kinder sagen: „Du."

Unzelfunzel rastabach –
alle Lehrer sagen: „Ach."

Unzelfunzel rustubuch –
Tante Lotti zu Besuch.

Unzelfunzel ristibi –
alle Fische fahren Ski.

Unzelfunzel raustaubau –
alle Löwen spiel'n Mau-Mau.

Unzelfunzel ristibille –
meine Freundin braucht 'ne Brille.

Unzelfunzel reusteubeu –
isst du wirklich Katzenstreu?

Unzelfunzel rüstübüss –
rat mal, wen ich heute küss!

Unzelfunzel röstöböffel –
ich küss heute meinen Löffel.

Unzelfunzel rostobo –

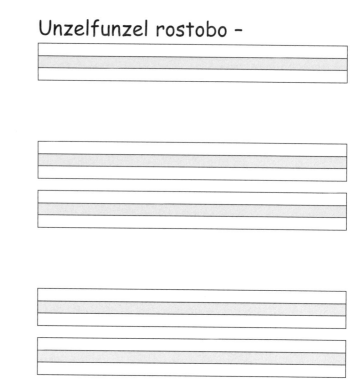

Name:

lesen schreiben mit Sprache spielen basteln singen spielen

Kein „tolles Spiel" von Hotte ...

Die Lehrerin freut sich über Hottes U-Wörter.
Sie schimpft nicht, weil er geschlafen hat.
Sie sagt: „Du hast ein tolles Spiel erfunden." (Seite 29)

Wie hätte sie noch reagieren können?
Wie wäre die Geschichte dann weitergegangen?

 Schreibe dieses neue Ende der Geschichte auf.

Auch Frau Wurm ist für einen Moment sprachlos. Dann wird sie

ganz ernst und sagt:

Name:

lesen schreiben **mit Sprache spielen** basteln singen spielen

Putzmüde – hundemunter

Das Unzelfunzel hat Wörter aus dem Buch falsch zusammengesetzt.

Schreibe die Wörter richtig auf.

putzmüde   putzmunter

hundemunter

Badeohren

Wedelzimmer

Trankissen

Wochentüte

Stuhlende

Montagslehrerin

Klassentisch

Nachbarungeheuer

Was ist wohl in der Wochentüte?

Setze nun diese Namenwörter so komisch wie möglich zusammen.

Kuh   Pizza   Raupe   Ball   Witz   Geld   Käse   Sport

lesen **schreiben** mit Sprache spielen basteln singen spielen

Ein Besuch aus dem Buch

Wünschst du dir auch manchmal,
dass du in der Schule Besuch bekommst?
Vielleicht vom Unzelfunzel?
Oder von einer Figur aus einem anderen Buch?
Was wäre das für eine Geschichte?

Als neben mir etwas rumpelt und poltert, hebe ich widerwillig den Kopf. Was ich sehe, ist unglaublich:

Eine Panne beim Verfunzeln (1)

Das arme Unzelfunzel hat sich total verfunzelt. Kannst du ihm helfen?

Schreibe die Wörter richtig auf.

Sachen zum Essen:

Pazzi — Pizza

Breto —

Pemmos —

Weffal —

In der Schule:

Ragel —

Peppa —

Meppa —

Teschi —

Stehlü —

Beldir —

Tiere:

Vegol —

Ketza —

Hesa —

Bebir —

Hendu —

Freschö —

Verfunzle jetzt diese Wörter: Ampel   Teppich   Ofen   Wolle   Blume   Kiste

Name:

lesen schreiben **mit Sprache spielen** basteln singen spielen

Eine Panne beim Verfunzeln (2)

Das Unzelfunzel hat sich wieder verfunzelt. Kannst du ihm helfen?

 Trage die Selbstlaute richtig ein.
Schreibe die Wörter dann noch einmal auf.

Sachen aus der Federmappe:

das Rudiergammi, das R a dierg u mm i , das Radiergummi

die Bentstufti, die B_ntst_ft_,

der Inspatzer, der _nsp_tz_r,

der Standenplun, der St_nd_npl_n,

Sachen zum Essen:

die Nedolsuße, die N_d_ls_ß_,

die Kertaffilchops, die K_rt_ff_lch_ps,

die Schakelodo, die Sch_k_l_d_,

die Hofarflecken, die H_f_rfl_ck_n,

 Verfunzle nun selbst diese Anziehsachen.

die Latzhose: die L_tzh_s_ oder die L_tzh_s_

die Cordjacke: die C_rdj_ck_ oder die C_rdj_ck_

die Handschuhe: die H_ndsch_h_ oder die H_ndsch_h_

die Pudelmütze: die P_d_lm_tz_ oder die P_d_lm_tz_

Name: _____

 lesen schreiben **mit Sprache spielen** basteln singen spielen

Satz-Quatsch mit dem Unzelfunzel

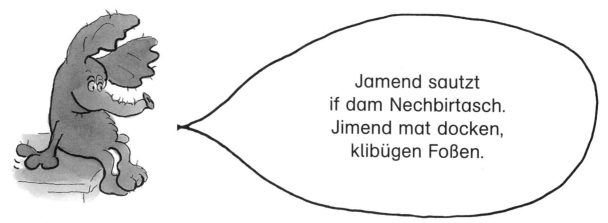

Jamend sautzt
if dam Nechbirtasch.
Jimend mat docken,
klibügen Foßen.

 Lies die beiden Sätze mehrmals. Überlege, was sie bedeuten.

 Schreibe die Sätze richtig auf.

_____

_____

 Finde die Stelle im Buch, an der die beiden Sätze stehen. Prüfe nach, ob du sie richtig geschrieben hast.

 Finde heraus, was die beiden folgenden Sätze bedeuten. Trage dann ein, wo sie richtig stehen, und vergleiche.

Hitto est nüch mode.

Hotte _____ Seite: ☐

„Sa neicht se onü Treinteti!"

„Sei _____ Seite: ☐

Name: _____

lesen　schreiben　**mit Sprache spielen**　basteln　singen　spielen

Neue Brüder für Bruder Jakob

Bruder Jakob, Bruder Jakob!
Schläfst du noch? Schläfst du noch?
Hörst du nicht die Glocken? Hörst du nicht die Glocken?
Ding, dang, dong! Ding, dang, dong!

Önzelfönzel, Önzelfönzel!
Rödö bö? Rödö bö?
Röst dö möt döm Lödö? Röst dö möt döm Lödö?
Böst dödö! Böst dödö!

 Dichte weitere Strophen und schreibe sie auf. Wichtig ist nur, dass man sie zur Melodie von Bruder Jakob singen kann.

_____ , _____ !

_____ ? _____ ?

_____ ? _____ ?

_____ ! _____ !

_____ , _____ !

_____ ? _____ ?

_____ ? _____ ?

_____ ! _____ !

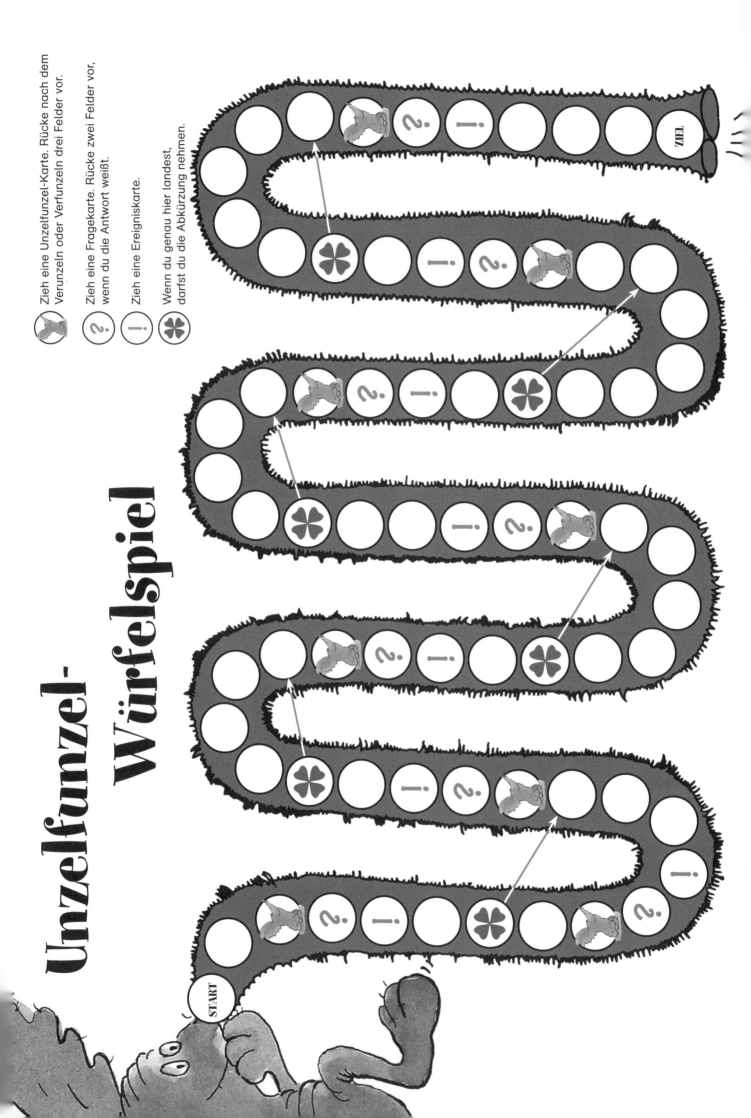

Unzelfunzel-Würfelspiel Ereigniskarten

Du bist heute nach dem ersten Wecken aufgestanden.

Rücke drei Felder vor.

Du bist nach dem dritten Wecken wieder eingeschlafen.

Setze einmal aus.

Du bist heute früh aufgestanden und hast das Frühstück gemacht.

Rücke drei Felder vor.

Du hast dir heute morgen die Zähne nicht geputzt.

Gehe zwei Felder zurück und ziehe eine Unzelfunzel-Karte.

Du hast dich in ein Stuhlkissen verwandelt.

Setze einmal aus.

Deine Mutter nennt dich heute „Häuptling Schneller Pfeil".

Rücke drei Felder vor.

Ein Kind ist müde und schlecht gelaunt. Du trägst ihm den Schulranzen.

Rücke drei Felder vor.

Du gibst deinem Sitznachbarn beim Lernen einen Tipp.

Rücke drei Felder vor.

Deine Sitznachbarin ist eingeschlafen. Du weckst sie unauffällig.

Rücke drei Felder vor.

Die Klasse lacht jemanden wegen einer falschen Antwort aus. Du rufst: „Auslachen ist doof!"

Rücke drei Felder vor.

Du triffst das Unzelfunzel. Es verrät dir einen neuen Trick.

Rücke drei Felder vor.

Unzelfunzel-Würfelspiel Fragekarten

 An welchem Wochentag spielt die Geschichte?

 Wohin geht Hotte direkt nach dem Aufstehen?

 Wie nennt Hottes Mutter ihren Sohn: „Morgenmuffel", „Trantüte" oder „Stuhlkissen"?

 Was malt Frau Wurm an die Tafel, als der Unterricht beginnt?

 Woran erinnert Hotte der Buchstabe U: an einen Mund, an ein U-Bahn-Schild oder an ein Ungeheuer?

 Welche Augenfarbe hat das Unzelfunzel: hellblau, dunkelgrün oder braun?

 Welche Besonderheit hat das Unzelfunzel beim Sprechen?

 Wie lautet der vollständige Name des Unzelfunzels?

 Wo krault das Unzelfunzel Hotte mit seiner Rüsselnase: am Rücken, im Nacken oder in der Kniekehle?

 Frau Wurm weckt Hotte. Wie verhalten sich seine Klassenkameraden?

 Warum staunt die Klasse am Ende über Hotte?

Unzelfunzel-Würfelspiel Unzelfunzel-Karten

Verunzle ein weiteres A-Wort: Udler, Ufrika … 	
Lies diese schlimm verunzelten Wörter laut vor: der Upfulsuft, der Budumuntul. Was bedeuten sie? 	Wenn du das Wort „Muschel" verfunzelst, entsteht das Wort „Meschul". Verfunzle selbst ein Wort mit zwei Selbstlauten und lass die anderen das Wort erraten. 
Verunzle noch ein O-Wort: Upa, uder … 	Lies diese schlimm verunzelten Wörter laut vor: der Pfurdustull, die Brutpfunnu. Was bedeuten sie? 
Wenn du das Wort „Monat" verfunzelst, entsteht das Wort „Manot". Verfunzle selbst ein Wort mit zwei Selbstlauten und lass die anderen das Wort erraten. 	Verunzle ein weiteres I-Wort: Ugel, Unsel … 
Verunzle noch ein E-Wort: Uskimo, urnsthaft … 	Wenn du das Wort „Kinder" verfunzelst, entsteht das Wort „Kendir". Verfunzle selbst ein Wort mit zwei Selbstlauten und lass die anderen das Wort erraten. 

Ich bin Anne Steinwart

Ich lebe dort, wo ich 1945 geboren wurde – in einer kleinen Stadt in Westfalen. Ich bin verheiratet, habe eine Tochter, einen Sohn und eine kleine Enkelin. Nach meiner Schulentlassung 1959 machte ich eine Ausbildung zur Rechtsanwalts- und Notariatsgehilfin. Später arbeitete ich als Sekretärin in verschiedenen Büros.

Anne Steinwart mit zwei Jahren

Geschichten und Gedichte habe ich schon als kleines Mädchen gerne gehört. Als ich dann endlich lesen lernte, wurde ich ein richtiger Bücherwurm. Und als Jugendliche begann ich, selbst Gedichte und Geschichten zu schreiben. Lesen und Schreiben – das waren viele Jahre meine liebsten Hobbys.
1987 erschien mein erstes Kinderbuch „Tina ist eben so!". Seitdem arbeite ich nicht mehr in irgendeinem Büro, sondern an meinem eigenen Schreibtisch. Inzwischen sind dreißig Kinderbücher erschienen. Aus einem Hobby ist ein richtiger Beruf geworden. Das Schreiben macht mir immer noch und immer wieder ganz viel Spaß. Aber man muss auch lange und geduldig an einer Geschichte arbeiten bis sie wirklich gedruckt werden kann.

An der Geschichte „Hotte und das Unzelfunzel" habe ich ungefähr sechs Wochen gearbeitet. Beinahe hätte ich sie gar nicht zu Ende geschrieben. Aber eines Tages saß plötzlich das Unzelfunzel auf meinem Schreibtisch und hat mir geholfen!
Und natürlich konnte dieses überaus freundliche Ungeheuer dann auch dem müden Hotte in meiner Geschichte helfen. Darüber bin ich immer noch sehr froh!

Anne Steinwart heute

Wenn ihr noch mehr Fragen zu meinem Leben als Autorin oder zum Buch habt, schreibt mir doch einfach! Schickt eure Briefe an den Hase und Igel Verlag. Dort wird eure Post dann an mich weitergeleitet.

Eure

Anne Steinwart